安阳师范学院甲骨文研究院

甲骨学与殷商文化研究丛书

郭旭东 ◎ 主编

甲骨卜辞菁华

战争篇

郭旭东 ◎ 著

文物出版社

图书在版编目（CIP）数据

甲骨卜辞菁华.战争篇/郭旭东著.--北京：文
物出版社，2023.8
ISBN 978-7-5010-7351-1

Ⅰ.①甲… Ⅱ.①郭… Ⅲ.①甲骨文—研究 Ⅳ.
①K877.14

中国版本图书馆CIP数据核字（2022）第000514号

甲骨卜辞菁华·战争篇

著　　者：郭旭东

责任编辑：许海意
装帧设计：谭德毅
责任印制：张道奇

出版发行：文物出版社
社　　址：北京市东城区东直门内北小街2号楼
邮政编码：100007
网　　址：http://www.wenwu.com
经　　销：新华书店
印　　刷：宝蕾元仁浩（天津）印刷有限公司
开　　本：710mm×1000mm　1/16
印　　张：8.25
版　　次：2023年8月第1版
印　　次：2023年8月第1次印刷
书　　号：ISBN 978-7-5010-7351-1
定　　价：52.00元

"征土方"卜辞（《合集》6441）

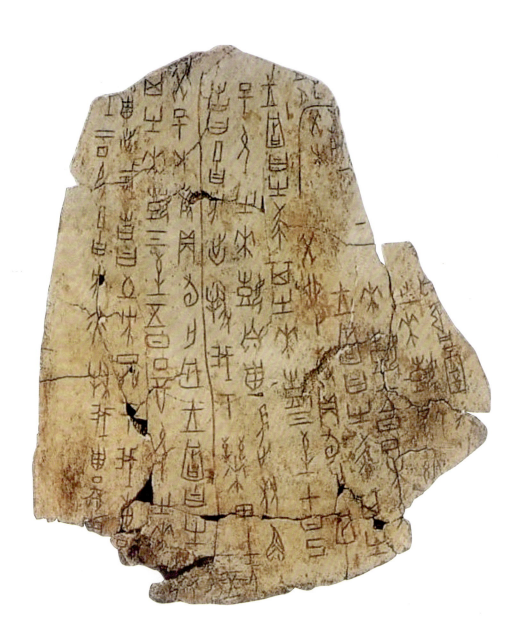

"土方征鄙" 卜骨（《合集》6057 正）

"方征我示"卜骨（《合集》173 反）

"登人"卜辞（《合集》6168 正）

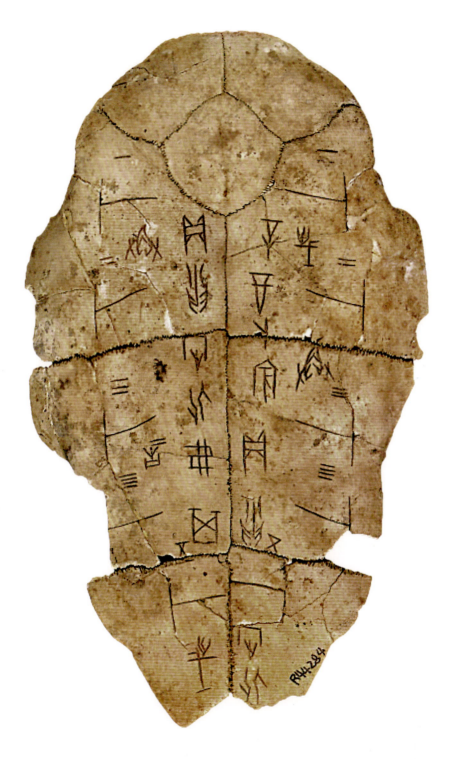

"雀正化戈𡙡" 卜甲（《合集》6654 正）

"多臣代舌方"卜骨（《合集》614）

凡 例

一、"甲骨卜辞菁华"丛书包括商王名号篇、军制篇、战争篇、气象篇、祈年篇、天神篇、梦幻篇、风俗篇、书法篇九册。每册书名采用"甲骨卜辞菁华·某某篇"形式。

二、本丛书所收录甲骨片皆精选内容重要、片形较为完整、字迹较为清晰的甲骨拓片。个别片于书前附其彩图，部分片采用缀合后的拓片。拓片图为单辞条者，一般在前给出能看清刻辞的图版；而多辞条选取一二且不易区分者，前放局部以便分辨刻辞，后放整体以见整片全貌。

三、每片甲骨由整理者根据卜辞主旨拟定名称，具体格式为"某某"卜辞。

四、注释部分由释文、拓片信息、辞语解析及卜辞大意组成。其中，释文以竖排简体形式列于篇名之侧；拓片信息简略介绍所选甲骨片的分期、拓片来源；辞语解析以条目形式，对释文中的重点字词、语法特征及重要历史人物、典章制度等进行简略注释；卜辞大意则是阐述所选相关卜辞的主旨大意，部分卜辞附有相关背景知识的介绍。

五、释文加现代标点，以保证文本的可读性。卜辞中的常见字原则上使用简体中文；部分罕见字为保持原字形架构使用繁体字；而难以隶定之字，则采用原甲骨字形标示。

六、对于原甲骨片中字迹磨灭、缺失及模糊难以隶定的情况，释文中以一"□"标示一字，以"……"标示字数不确定。凡残缺但能据上下文意补定之字，在补定的文字外加"〔 〕"标示。

七、为了方便阅读，原甲骨片中的古今字、异体字、通假字，皆随释文直接写成今字、本字，不再另加标示符号，直接在注释中加以说明。

八、丛书所选刻辞甲骨分别采自《甲骨文合集》《小屯南地甲骨》《殷墟花园庄东地甲骨》与《小屯村中村南甲骨》等，正文中多用著录简称，每册后则附录有"甲骨文著录简称与全称对照"表。

九、丛书甲骨文分期采用董作宾的五期断代法，具体如下：第一期，商王武丁及其以前（盘庚、小辛、小乙）；第二期，商王祖庚、祖甲；第三期，商王廪辛、康丁；第四期，商王武乙、文丁；第五期，商王帝乙、帝辛。

十、本书的"辞语解析"部分中参考和选用了已有的甲骨学研究成果，为保持版面美观而不随行文注明，以"参考文献"的形式附录于书后。

前　言

　　"国之大事，在祀与戎"，反映出祭祀神祖和军事战争在古代国家政治生活中的重要性，衡之于3000年前的殷商王朝，确乎不殆。19世纪末叶发现的殷墟甲骨文，就为这一说法提供了铁证。仅从数量而言，在全部甲骨文当中，尤其是在商王武丁时期的甲骨卜辞中，直接与战争相关的基本上占据了半壁江山。

　　殷商时期的政治地理架构，经过学者们的深入研究，已经清晰地呈现于今人面前，即殷都为中央，其外则是其直接统治的王畿区，再外就是其诸侯方国所在。由于种种原因，处在外围的方国部族与商王国的关系时好时坏，友敌无常。因此，互相侵扰与征战就成为王朝与方国之间关系的常态之一。

　　就甲骨卜辞所见，殷商时期大约有130余个方国部族与商王朝发生过战争和冲突，尤以商高宗武丁时期为多，达到80多个。其中，殷之西和西北的部分方国如舌方、土方、羌方等与殷为敌最烈。个中原因，既有雄才大略的商王为了扩展王朝版图而主动发起的对外战争，如文献所言"武丁伐鬼方，三年克之"；也有不少方国屡屡对殷商王朝或进犯边鄙，侵害邑落，或袭扰商之友邦，掠人劫物，因而受到殷人的武装讨伐报复。还有的方国如以牧羊为生的羌方，与殷商之间的冲突经年不断，屡败屡战，其人虽在商为奴为牲也不屈服，双方征战伴随至殷商亡国。而至殷商末期，崛起于岐山的周族以及远在淮河一带的人方则成为商之大敌，商王朝对之或恩威并施或劳师远征，均无成效，而牧野一战，周王天下。应该说，不臣方国最终成为了商王朝灭亡的掘墓人。盘庚迁殷后的200多年，殷商王朝与四方方国诸侯发生的战争不胜枚举，屡屡见诸各期甲骨卜辞，成为研究殷商历史特别是军事战争史的实物资料。

　　有关当时的战争行为，甲骨文字反映的非常真切。卜辞显示，殷人建有自己的军情传报系统，对于敌方的昼夜出动、所侵扰的地方、造成的人员和城邑损失、行动态势等等，均由远及近地快速闻报于商王。为了掌握敌方动态，商王朝采取了"目""望""视""雈"等方式进行侦察和监视，力取主动。在得到敌人进犯的消息后，统治者要谋伐于庙堂并告祭自己的先祖，以求得他们的护佑。随后进行选将、命将，或占卜是否由商王御驾亲征等战前仪式。除此之外，还要立中建旗，征聚兵员，做好战前准备。对敌所采用的军事打击手段，或直接前往征伐，或抵御其进攻，或迎头痛击，或进行追击，或予以歼灭。所使用的战法，既有诱敌深入使其陷入埋伏圈的伏击战，也有四面合围的围歼战。关于兵士的军事训练，殷人高度重视，商王与教官对族众或教或学，并开展田狩活动进行实战实践。

军事武装的将领，往往是身兼数职的商王近臣。甲骨文中所见的师般、雀、臬、䖒正化、沚䤴、妇好、子商等都是身份显赫、位高权重的人物，他们有的是王师的师长、有的是商王的后妃，有的是与商王室血缘关系很近的子族族酋，有的则是拥有武职的诸侯等。此外还有多臣、多紤等内服事务类官员。他们或是受命单独出征，或是在商王率领下一起前往前线。所率兵员，包括普通的族众和地位更低的奴仆，兵种有步兵、马军、射手队伍等。

长期战争的实践，在殷商时期也逐渐形成了一套简单的军事战争礼仪。就甲骨卜辞所见，主要包括战前祭告先祖的告庙之礼、命将册命之礼、迁庙主和军社随军之礼、田猎振旅之礼、战后逆旅以执之礼、献捷祭祖之礼等，不一而足。这些礼仪，以祭祀祖先为核心，见诸于军事活动的每个环节，贯穿在整个战争过程的始终。这些军礼对后世也产生了很大的影响，并成为古代军礼的文字滥觞。

处于文明社会早期的殷商王朝，其与方国诸侯之间关系的不稳定，导致中央王朝与臣心不足的边远部族之间的军事冲突甚至使战争成为家常便饭。而地下出土的无比珍贵的甲骨卜辞，则未加掩饰地将这些湮没在历史尘埃中的战争场景和过程给了真实地再现。仅仅就拿甲骨文当中那些五花八门的战争动词，诸如"征""伐""御""戋""𢦏""𢼸"等等来看，就足以让我们能够深刻体味到3000多年前殷商时代的血雨腥风。

目　录

一　征伐对象

『征土方』卜辞

戊午卜，㱿贞：今春王征土方？

王占曰：甲申其有设，吉。

其惟甲戌有设于东……惟甲戌有设。

第一期

拓片选自《甲骨文合集》6441

3

一 征伐对象

辞语解析

1. 春，字作"蓍"等形，学者们对其或释"春"，或释"秋"，或释"者"，或释"载"，或释"屯"，或释"兹"等，众说纷纭，迄今未定。在此我们采用"春"字说。

2. 设，字作"𢼸"形，为于省吾先生所释。但关于该字，学者们释解众多，或释"报"，或释"酌"，或释"凿"，或释"毁"，或释"设"等。于省吾先生认为

其在卜辞中，一作祭祀中的陈设物品义，一作自然界中的兆象、异象。本辞字释暂从于释，其义为后者。

3. 土方，字作"Ω ʞ"等形，为商王武丁时期一个重要敌对方国，对殷商王朝多有侵扰，甲骨文中有不少殷人对其征伐的记载。其地，学者们认为在今山西北部一带。胡厚宣先生研究认为，"土方"即夏民族。

卜辞大意

　　这是一条占卜征伐与天象关系的卜辞，反映了商人的迷信程度。大意是殷人要征伐土方，经商王占卜后，认为甲申日天会出现某种兆象，这是很吉利的，而结果却是甲戌那天东方出现某种兆象。

『征𢀛方』卜辞

庚申卜，殻贞：王勿征𢀛方，下上弗若，不我其受佑？

第一期

拓片选自《甲骨文合集》6320

辞语解析

1. 殻、争，字分别作“”与“”等形，为甲骨文第一期卜辞中常见的贞人名。
2. 贞，字作“”“”等形，意思为占卜贞问。《说文》：“贞，卜问也。”
3. 征，字作“”“”等形，释为“正”，为“征”字初文，义为远行，引申为征伐。
4. 𢀛方，字作“”，又释“邛方”“耈方”等。𢀛方为商代晚期重要方国之一，卜辞多见，乃殷商武丁王时期的大敌，双方征伐不断，约在武丁末期𢀛方式微或被殷人伐灭。其地望，学者们均认为在殷王朝之西或西北的山西和陕西一带。

5. 下上弗若，卜辞成语。下、上分别作"⌒""⌣"形，均为指事字，"下"指地祇人鬼，"上"指天上诸神，如上帝等。"若"字作"🜚"等形，象人跪坐用手梳理头发使之滑顺之形，义为顺利、美善。"下上弗若"义即地祇人鬼以及上天诸神均不给予庇护。

卜辞大意

这是一条有关征伐的卜辞，大意是贞问商王不去亲征舌方，天地鬼神都不庇护吗？不会得到神祖的保佑吗？

『多子族寇周』卜辞

癸未卜，争贞：令𠂤以多子族寇周，叶王事？

第一期

拓片选自《甲骨文合集》6814

辞语解析

1. 𠂤，人名，字不识。

2. 以，字作"𠂤""乙"等形，本义为人手携物相送。对此字的考释，甲骨学界过去诸说纷纭，分歧不一，但以释"以""氏"为是，其义引申为致送、贡献、率领等。

3. 多子族。商人子姓，多子族即多个与商王同姓、血缘关系近的子姓之族，在本辞中多子族也是一种军事组织。

4. 寇，字作"𪚥"等形，为郭沫若所释，义为寇伐。而唐兰释为"𪚥"为"璞"，假借为"撲"，义为征伐。

5. 周，字作"囲"等形，方国名，即发源于陕西周原一带、后来推翻商王朝的周族。甲骨文中，周是商的方伯之一，与商的关系时好时坏。

6. 叶王事，字作"屮大𣏾"，卜辞成语，义为勤劳王事。也有学者释为"赞王事"。

卜辞大意

这是反映商王朝与周人之间交战的卜辞，主要意思是商王命令由𠂤统领多子族武装前去征伐西方的周族，如此能够协力勤劳王事么？

『王敦缶』卜辞

丁卯卜，殻贞：王敦缶于蜀？

第一期

拓片选自《甲骨文合集》6862

9

一 征伐对象

辞语解析

1. 敦，字作"𩱛"等形，隶定为"𩰍"。郭沫若指出："𩰍字习见，有用为地名者，有用为挞伐意者。"甲骨文中或作族名，或作地名，为殷商田猎区之一。作动词时，其义为挞伐、打击。

2. 缶，字作"𦈢"等形，方国或部族名，也指缶族之人。其地或说在山东定陶，或说在山西永济。

3. 蜀，字作"𧓪"等形，甲骨文中或作地名，或作人名。其地一说在今河南长葛一带，或说在今四川，或说在山东泰安一带。

卜辞大意

　　这是一条反映商王征战的卜辞，大意是卜问商王是否在蜀地对缶族进行一次打击之事。

『子商𢦏基方』卜辞

乙酉卜，内贞：子商𢦏基方？三月。

第一期

拓片选自《甲骨文合集》6570正

辞语解析

1. 内，字作“冂”等形，甲骨文第一期贞人名。
2. 子商，与商王室同宗的子姓族长，私名“商”。也有学者认为其是商王诸子之一。
3. 𢦏，字作“𢦏”等形，战争动词，卜辞多见，义为消灭、削弱、戕伐等。
4. 基，字作“囟”等形，商王武丁时期的方国名。据郑杰祥研究，其地在山西太谷县东。

卜辞大意

这是有关商代贵族征伐的卜辞，大意是卜问子商能否对王朝之敌基方给予戕伐之事。

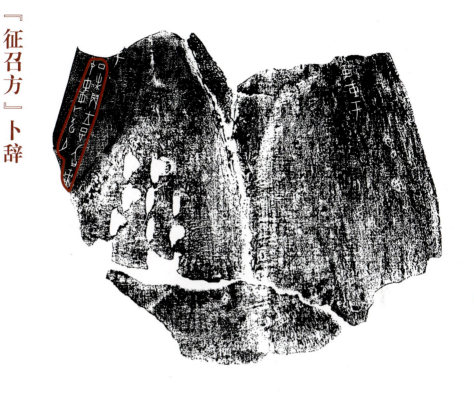

『征召方』卜辞

丁未，贞：王征召方……？在羗卜。九月

第四期

拓片选自《甲骨文合集》33025反

辞语解析

1. 召方，字作"召 方"等形，方国名。其他或说在陕西雍城一带，或说在今山西中北部。从甲骨文中看，其与商王朝关系时好时坏。

2. 在，字作"屮"形，似木桩插于地状，本为"才"，借用为"在"。

3. 羗，地名。

4. 卜，字作"卜"等形，义为占卜、卜问。

卜辞大意

　　这是一条关于商王征讨召方的卜辞，与别的卜辞不同之处在于本辞记有占卜的地点与时间。

1　辛酉卜，殸贞：今春王从望乘伐下危，受有佑？

2　辛酉卜，殸贞：今春王勿从望乘伐下危，弗其受有佑？

2

1

第一期

拓片选自《甲骨文合集》6482正

辞语解析

1. 从，字作"\\"等形，象两人相随状，义为跟随。有学者则释为"比"，义为亲密、配合。另有学者认为，军事环境中其义为统帅、率领。

2. 望乘，字作"　"等形，商王武丁时期重要将领，为"望"族之首领，私名"乘"，卜辞多见其跟随武丁征伐其他方国的卜问。

3. 下危，方国名，又称危方，其与商王朝关系好坏不定。"危"字作"　""　"等形，为于省吾先生所释。其地，一说在商王朝北部，一说是在东南方。

卜辞大意

这是有关商王率军征伐的卜辞，大意是卜问今年春天商王是否率领望乘讨伐下危这个敌国，能否受到神祖的护佑。

以上两条卜辞是甲骨卜辞中常见的"正反对贞"卜辞，即贞人从正、反两面对所关心的事情进行占卜，以求得最佳结果，如上面两辞中的"王从望乘"与"王勿从望乘""受有佑"与"弗其受有佑"，即是例证。

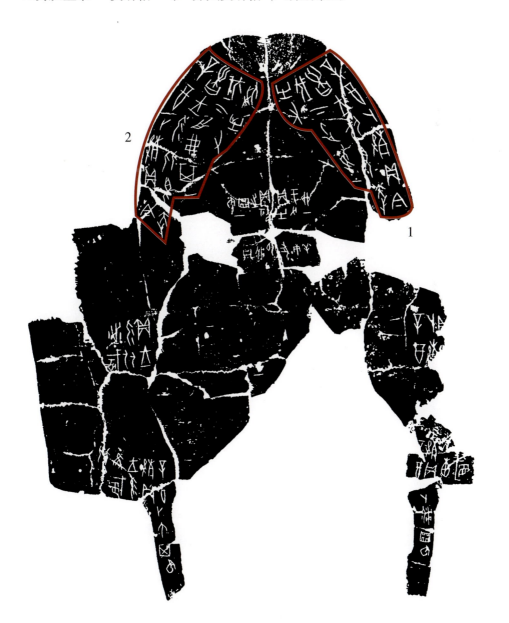

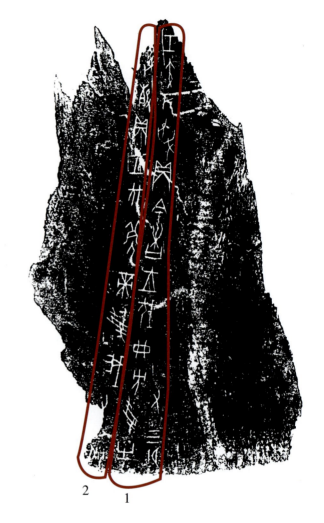

『伐䝅方』卜辞

1 壬寅卜，争贞：今春王伐䝅方，受有[佑]？十三月。

2 □□卜，殻贞：王伐髳，帝受我佑？

第一期

拓片选自《甲骨文合集》6543

辞语解析

1. 䝅方，方国名，地在商王朝南方。

2. 十三月，殷人实行阴阳历法，有"平年"和"闰年"之分，"闰年"之闰月或置于年终，或置于年中。"十三月"即为年终置闰之称。本辞中的"十三月"为合文形式。

3. 髳，字作"𢽳"等形，方国名，于省吾认为"𢽳"就是《尚书·牧誓》中的

甲骨卜辞菁华·战争篇

"及庸蜀羌髳微卢彭濮人"中的"髳"。其地或说在巴蜀境内，或说在山西南部，或说在殷之西南的豫陕交界处。

4. 帝受我佑，卜辞成语，义为上帝授予我们护佑。帝，字作"帝""帝"等形。在甲骨文中，"帝"为商代最高神，也名"上帝"，其居于上天，建有自己的天庭，拥有风雨雷电等自己的使臣，掌管天地一切。殷人的先祖死后还以"宾于帝"为荣。此外，"帝"在卜辞中有时也作祭名，即禘祭。受，字作"受""受""受"等形，象用手相互授受物品形，意为授予、接受，上对下义为授予，下对上义为接受。

卜辞大意

这是两条征伐卜辞，大意是问商王前去征讨南部的舌方和西南部的髳方，上帝是否能够给予佑助。

15

『余伐𤔌』卜辞

乙丑卜，王贞：余伐𤔌？

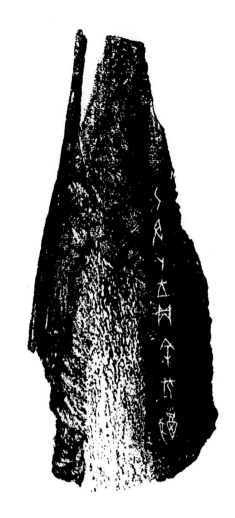

第一期

拓片选自《甲骨文合集》6926

16

甲骨卜辞菁华 · 战争篇

辞语解析

1. 王，字作"🌂""🌂"等形，象斧钺之形，古代斧钺代表权杖，象征掌握最高权力的君王。本辞中的"王"指商王，并由其亲自占卜。

2. 余，字作"令"等形，甲骨文中为第一人称，即"我"。这里为商王自称。

3. 𤔌，方国名，地在山东历城县一带。

卜辞大意

这是一条商王占卜的征伐卜辞，贞问是否要由商王亲自率军征伐𤔌方？

『御羌』卜辞

戊午卜，𣪊贞：勿乎御羌于九□，

弗其获？

第一期

拓片选自《甲骨文合集》6615

辞语解析

1. 乎，字作“□”等形。《说文》：“乎，语之余也。”卜辞中“乎”的字义通“呼”，本义为招呼、召唤，甲骨文中一般作命令义。
2. 御，字作“□”等形，本义为驾驭、控制，甲骨文中或作祭名，或作人名，或作动词，义为抵御、抵抗。本辞中的“御”为动词。
3. 羌，方国名，字作“□”“□”“□”“□”等，突出羊角形。甲骨文中，“羌”或作方国名和部族名，或作地名，或作祭祀牺牲之名。作为方国，为商代一大敌对方，于商危害甚烈，双方多有交战冲突，卜辞多见其被殷人征伐和俘获。《说文》：“羌，西戎牧羊人也。”其地在商王朝西北。
4. 九□，地名。
5. 获，字作“□”等形，象人手抓住鸟形，故会意为捕获、获得、收获。

卜辞大意

这是一条反映殷人抵御羌方的卜辞，卜问商王是否下令于九□之地抵御羌人进攻，是否会有所捕获。

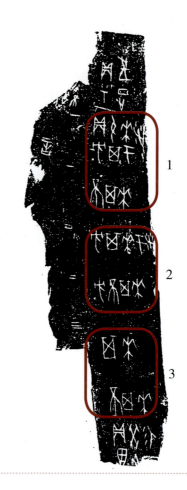

『方其来』卜辞

1
贞：方允其来于沚？不玄冥

2
方其来于沚？
方不其来？

3
其来？
不其来？

第一期

拓片选自《甲骨文合集》6728

辞语解析

1. 方，字作"方""方""方"等形，甲骨文中其有多义，或作方位解，如"东方""西方"；或作祭祀名，如"方帝""方于父乙"等；或作方国部族名，如土方、马方等。本辞中的"方"为方国名，即名为"方"的方国，其地望在殷之西或西北。

2. 允，字作"允"等形，义为果然、确实等。也作第一期贞人名。

3. 沚，字作"沚"等形，地名，其地当在山西中北部和河北西北部一带。

4. 不玄冥，字作"不玄冥"等形，卜辞成语，义为卜兆不模糊、清晰之意。

卜辞大意

这是一套反映方方国是否前来的正反对贞卜辞，占卜者从正反两方面反复贞问，方方国是不是真的要从沚地前来侵犯，体现了商王对这次行动的高度重视和慎重态度。

『伐马方』卜辞

甲辰卜，争贞：我伐马方，帝受我佑？一月。

第一期

拓片选自《甲骨文合集》6664正

辞语解析

1. 马方，方国名。"马"，甲骨文字作"🐎"，象形，该字突出了马鬃和长脸，十分形象。据钟柏生研究，马方的地望应在山西石楼县的牧马川一带。

卜辞大意

这是一条殷人征伐马方、卜问最高神上帝能否给予自己保佑的卜辞。

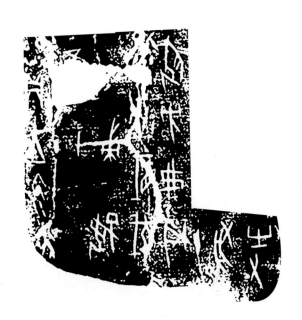

『伐巴方』卜辞

贞：王惟妇好从沚䣙伐巴方，弗其受有佑？

第一期

拓片选自《甲骨文合集》6478正

辞语解析

1. 妇好，字作"𝄞""𝄞"等，商王武丁王后之一，甲骨文中著名女性人物，地位显赫。因其死后庙号为"辛"，故称其为"后母辛""母辛""妣辛"等。在卜辞中，她有自己的封地，曾带兵出征、主持祭祀等。商王对其十分关心，亲自为其封地农业丰收、生男育女等事多次占卜，死后将其葬于殷墟宫殿区内。1976年，妇好墓被考古工作者发现并发掘，由于该墓保存完好，未曾被盗过，因此墓中出土了大量精美的青铜器、玉器、骨器等文物，震惊中外。妇好墓是当年发现的唯一一个人名与甲骨文记载相合的殷代贵族墓葬，意义十分重大。其后，又有子渔墓铜器铭文的发现，亦可与甲骨文记载相印证。

2. 巴方，字作"𝄞𝄞"等形，"巴"字象手拍大腿发出的声音。其地临近沚方，在殷之西。

卜辞大意

　　这是一条商王命将征伐巴方的卜辞，卜问商王命令妇好率领大将沚戜讨伐巴方，不会受到神祖保佑吗？

　　妇好作为商王之"后"，甲骨文中多次记载其统兵打仗，这与其墓中出土的青铜钺正可应证。有人说妇好为古代的巾帼女将，看来是有道理的。

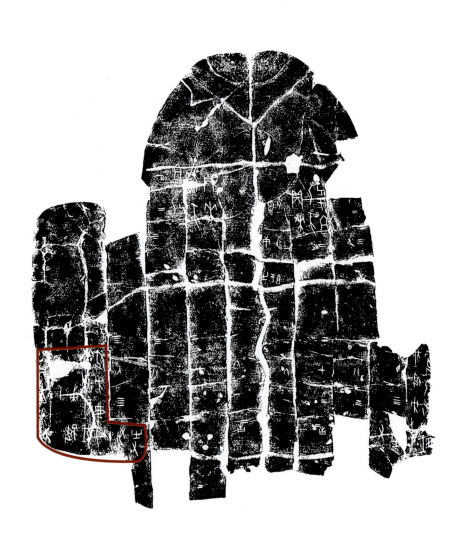

『征盂方』卜辞

……贞：旬亡祸？［王占曰］：弘吉。在三月。甲申祭小甲……惟王来征盂方伯炎，有佑。

第五期

拓片选自《甲骨文合集》36509

辞语解析

1. 旬亡祸，字作"彐丩囧"等形，卜辞成语，或释"旬亡咎""旬亡繇"等。"旬"指一旬，殷人以十天为一旬；"亡"通"无"，"旬亡祸"即一旬之内没有灾祸。

2. ［王占曰］，即商王占卜后说。此三字是根据同类卜辞惯例所补，故用括号括住。

3. 弘吉，卜辞成语，义为大吉。弘，字作"彳"，义为宏大，也有学者释为"引"。本辞中"弘吉"为合文形式。

4. 祭，字作"<ruby>醊</ruby>"等形，以手拿滴血之肉，会意为祭祀。

5. 小甲，旁系商王。

6. 盂，字作"盂"等形，方国名，商代晚期重要方国，位于殷之东或东南。卜辞中另有一名"盂"之地，为商王田猎地，与盂方非一地。

7. 伯，字作"θ"等形，义为方国或部族君长、首领。此字也释"白"，与"伯"为同一字，二字同形是甲骨文字特点之一。

8. 炎，字作"<ruby>炎</ruby>"形，盂方伯私名。

卜辞大意

　　这是一条商王亲征盂方的卜辞。大意为商王经过占卜，认为十天之内做事非常吉利，于是先对自己的先王进行了一番祭祀，之后就开始出发去征伐东部的盂方首领。

『征人方』卜辞

癸亥卜，黄贞：王旬亡祸？在九月征人方，在雇彝。

第五期

拓片选自《甲骨文合集》36487

辞语解析

1. 黄，字作""等形，第五期代表性贞人
   名。以其为代表的卜辞，甲骨学界称为"黄
   组卜辞"。

2. 人方，字作""，方国名，也释"夷方""尸方"，曾与商友好，至商末发展
   为殷之大敌。卜辞中记载商王多次对其征伐并在沿途田猎练兵。其地，当在殷
   之东南淮河流域一带。

3. 雇，字作""等形，地名，有学者认为"雇"即文献所载的"韦顾既
   伐"之"顾"，其地在今河南范县一带。这一说法似有不确。因该地在商代晚
   期，是殷王朝征伐淮河一带人方的重要途经点，因此，"雇"应是《左传·庄

公二十三年》"公会齐侯盟于扈"之"扈"，地在今河南原阳县一带。

4. 彝，字作"象"等，象双手呈现被缚牺牲形，义为祭祀神祖。

卜辞大意

这是商王征伐劲敌人方的战争卜辞，贞卜商王一旬之内有无灾祸，实际情况则是商王在九月亲征人方，并在雇地举行了祭祀活动。

『执井方』卜辞

弗卒？

己巳，贞：执井方？

第四期
拓片选自《甲骨文合集》33044

一 征伐对象

27

辞语解析

1. 执，字作"𡙈""𡙈"等形，象跽跪之人双手被钳制于刑具中，义为捉拿、拘系。

2. 井方，字作"井𢀑"等形，方国名，地在商王朝北今河北邢台一带，也有学者认为在山西河津一带。

3. 卒，字作"𡊩"，象桎梏人手的刑具，义同"执"。

卜辞大意

　　本版所反映的是商王军队是否会拘捕井方之敌的占卜。该卜辞是省略型的正反对贞。完整的卜辞形式一般是：己巳，贞：执井方？［己巳，贞］：弗卒［井方］？

『伐归』卜辞

壬寅卜，求其伐归，惟北🔲用，廿示一牛，二示羊，以四戈彘？

第四期

拓片选自《甲骨文合集》34122

辞语解析

1. 求，字作"🔲"，义为祈求、祷告。

2. 归，字作"🔲"等形，方国名，学者认为其地在今湖北秭归县。甲骨文中，"归"还作动词使用，义为归来、归顺。

3. 🔲，不识。

4. 廿，字作"🔲"形，即数字二十。

5. 四戈，戈字作"🔲"形，指商王朝四方边境。

6. 彘，字作"🔲""🔲""🔲"等形，象被射杀的野猪。

卜辞大意

这是一条征伐敌方前殷人祭祀先祖的卜辞，大意是准备讨伐归方，殷人向自己的祖先祈求护佑，并用牛、羊和四方边境呈送的野猪等祭品对二十二位先祖进行祭祀。

『征刀方』卜辞

庚戌贞：惟王自征刀方？

第四期

拓片选自《甲骨文合集》33036

辞语解析

1. 自征，字作"ﾘ ﾘ"等形，即亲自率军征伐。

2. 刀方，刀字作"ﾉ"等形，方国名，甲骨文中有"刀人"，有地名"刀"，应该就是刀方所在，为今何地，待考。也有学者认为"刀方"即"召方"。

卜辞大意

这是卜问商王是否亲征刀方的卜辞。

殷商时期，遇有大的敌方来侵，需要商王亲自率兵讨伐之时，往往会反复占卜，征求神祖旨意，以求吉利。这也是军事礼仪的内容之一。如卜辞"贞：勿惟王征？贞：惟王征？"（《合集》7616）"己酉卜，□贞：王征舌方，下上若，[受]我佑？贞：勿征舌方，下上弗若。不我其受[佑]？"（《合集》6322）等。古代天子亲征，被称作"大师"。《周礼·大司马》"若大师"，郑玄注曰："大师，王出征伐也。"甲骨文中，关于商王亲自帅师征讨敌方的记录数量不在少数，这反映出后世所说的天子亲自出征的"大师"在殷商时期较为普遍。

『伐方』卜辞

己未卜，㱿贞：王登三千人，乎伐方，戋？

甲骨卜辞菁华·战争篇

第一期

拓片选自《甲骨文合集》6641

辞语解析

1. 乎伐，字作"屮 枆"等形，卜辞常见的一种战争动词，意为下令征伐，同时含有某种急迫性意味。

2. 方，方国名，地不详。

卜辞大意

　　这是一条占卜商王征集三千兵士，下令其去征伐方并能否对敌人造成打击的卜辞。

『王敦佣』卜辞

丁酉卜，生十月王敦佣？

第二期

拓片选自《甲骨文合集》20512

辞语解析

1. 生，字作"屮"形，象草木从地上长出来，会意为生长、生育，引申为新的、鲜活义。"生十月"即下面即将来临的十月份。

2. 佣，字作"㸯"，方国名，其地在商王朝南方，或为《尚书·牧誓》"及庸蜀羌髳微卢彭濮人"中的"庸"地。

卜辞大意

　　这是一条商王征伐南方之敌佣方的卜辞，大意为接下来的十月份商王去亲征佣方么？

二　战争行为

『舌方出』卜辞

1　告舌〔方〕于黄尹？

2　贞：于大甲告方出？

第一期

拓片选自《甲骨文合集》6142

辞语解析

1. 告，字作"𠮷"等形。甲骨文中的"告"，一作祭祀名称，义为"祰"。《说文》："祰，祰祭也。"祭祀对象多为商先公、先王和名臣；二作"报告""告诉"讲，如《合集》2895："贞：邑其来告？五月。"本辞中的"告"义为祭祀。

2. 黄尹，字作"𡧑𠆣"等形，为商王朝大臣。郭沫若、裘锡圭等认为其即成汤时期的"伊尹"。其虽是殷商旧臣，但从甲骨文反映的情况看，殷人并不拘泥于非族不祭，而是对有大功于商的旧臣也列入常祭名单，遇有大事，也同样告之并对其隆重祭祀。

3. 大甲，殷先王，成汤之孙，文献称其为“太甲”。《史记·殷本纪》言其即位之初，暴虐不法，被大臣伊尹放逐，后悔过自新才被迎回王都复位为王。

4. 出，字作“”等形，像人脚从坑中外出之形。义为出来、出动等。

卜辞大意

这是两条反映商王朝敌国𢀛方出动侵扰的卜辞，为了求得祖先护佑，殷人特向先臣黄尹和先王大甲进行祭祀。

此种就军事情况向先祖告祭的行为，乃古代军礼内容之一，即告庙之礼。

『土方征鄙』卜辞

癸巳卜，㱿贞：旬亡祸？王占曰：有[祟]，其有来艰。

迄至五日丁酉，允有来[艰自]西。

沚㦰告曰：土方征于我东鄙，[戋]二邑。

舌方亦侵我西鄙田。

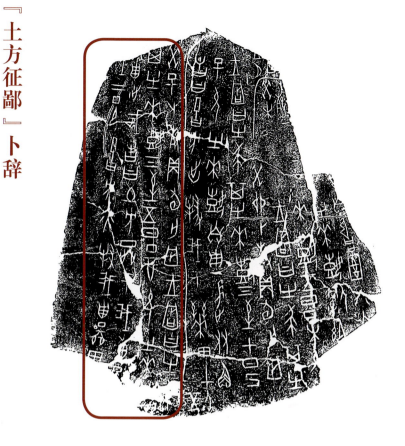

第一期

拓片选自《甲骨文合集》6057正

辞语解析

1. 祟，字作"꙼"等形，义为鬼神祸祟。《说文》："祟，神祸也。"

2. 来艰，字作"ꙮ꙯"等形。艰，灾难也。《尔雅·释诂》："艰，难意为。""来艰"，即灾祸来临。

3. 迄，字作"三"形，即"气"字，本义指空气，借用为"迄"，义为时间上的到、至。

4. 至，字作"ꙫ"形，象箭射到目标，义为到、达到。

5. 鄙，字作"ꙭ"，义为边邑。

6. 邑，字作"ꙮ"形，"口"代表城，"꙯"代表人，城中有人曰邑。一般指小的城邑。

7. 亦，字作"$\hat{\chi}$"等形，指人体腋下，在此借用为副词，义为也、又、再次等。

8. 侵，字作"$\hat{\eta}$"等形，以扫帚刷牛表渐进之义，引申为进犯、侵占、冒犯等义。

卜辞大意

这是一条完整的占卜方国侵犯商王朝的卜辞。大意是商王占卜，认为一旬之内会有灾祸发生，结果得到应验，敌国土方和舌方分别从东西方向侵犯商王朝边境，并造成了城邑的损失。

本条卜辞刻在著名的"甲骨之王"片上。该版牛骨片形巨大，正反两面均有刻字，达180余字，且字口清晰，力道雄劲，满版涂朱，内容重要。本骨为1911年罗振玉亲属在安阳小屯购得，最早收录于《殷虚书契菁华》。罗振玉去世后，这片卜骨由其孙罗继祖保存，后由中国社会科学院考古研究所收藏，在经过多次流转后，目前被完好地收藏于中国国家博物馆内。

一条完整的甲骨卜辞，应该包括四个方面：叙辞，也叫前辞，指占卜的时间和负责占卜的贞人；命辞，也叫贞辞，指占卜所问的内容；占辞，即贞人或商王视兆之后所作的判断；验辞，即应验之辞。而本条卜辞完全符合以上要求。其中，"癸巳卜，㱿贞"为叙辞；"旬亡祸"为命辞；"王占曰：有［祟］，其有来艰"为占辞；"迄至五日丁酉，允有来［艰自］西。沚馘告曰：土方征于我东鄙，［戈］二邑。舌方亦侵我西鄙田"为验辞。

从目前所见的甲骨文来看，像这样叙辞、命辞、占辞、验辞都具备的完整卜辞并不多见。一般而言不见验辞部分，还有的省略了占辞和验辞两部分，或只刻命辞，而最为常见的是只有叙辞和命辞两部分的卜辞。

1

2

『方戋我史』卜辞

1
贞：方其戋我史？
贞：方弗戋我史？

2
贞：我史其戋方？
我史弗其戋方？

第一期

拓片选自《甲骨文合集》6771正

辞语解析

1. 我，字作"𢧄""𢧄"等形，象兵器状，甲骨文中借用为第一人称。

2. 史，字作"𠭏""𠭏""𠭏"等形，从又（手）持中（簿册）以记事，会意为"史"。甲骨文中，其或作史、史官讲，或作出使、使臣讲，或作事讲。本辞中的"史"，即"使"，义为使臣。商王朝为了联络或监视四方，经常派遣使臣于各地，由于和部分方国部族常有冲突，故有的"史"不仅仅由少数人组成，而是带有军事武装性质的"使团"。

卜辞大意

　　这是一套关于方方国和商王朝派出的使团之间会不会发生冲突的卜辞。大意是方方国是否会对我们的使团造成戕害，我们的使团是不是能够对方方国形成打击。两辞均为正反对贞。

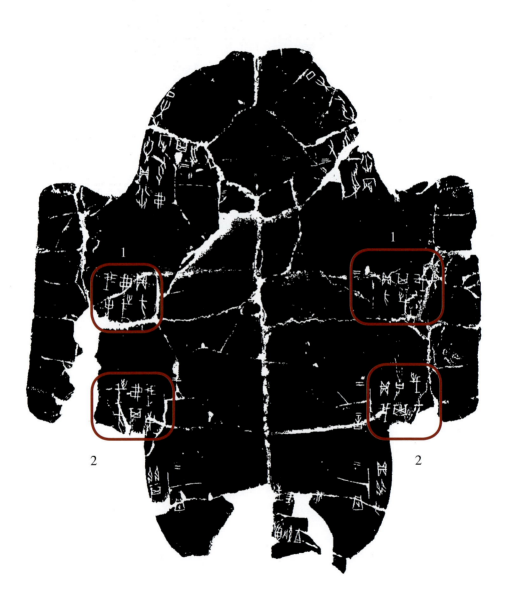

『舌方凡皇』卜辞

辛丑卜，争贞：曰：舌方凡皇于土……其敦♦？允其敦。四月

第一期

拓片选自《甲骨文合集》6354正

辞语解析

1. 凡皇，字作"凵♦"等形。"凵"为盘子形，即"盘"字初文；"♦"象花开之形，释作"皇"，在甲骨文中"皇"通"徨"。"凡皇"义为徘徊、彷徨。

2. ♦，族名或人名，字不识。

卜辞大意

　　这是卜问舌方动向的一条卜辞，虽然有所残缺，但大意是说舌方盘桓于土这个地方，它会不会对♦造成危害呢？结果是真的造成了损害。

41

二　战争行为

『方征我示』卜辞

1
……亡祸？王占曰：有祟，有梦，其有来艰。七日己丑，允有来艰……微戈化乎［告］：方征于我示……

2
四日庚申，亦有来艰自北，子娥告曰：昔甲辰，方征于蚁，俘人十又五人。五日戊申，方亦征，俘人十又六人。六月在……

1

2

第一期

拓片选自《甲骨文合集》137 反

辞语解析

1. 梦，字作"🐌""🐌"等形，象人在床上手舞足蹈，会意为做梦。甲骨文中的"梦"多为噩梦，寓意不祥、有疾患。

2. 允有来艰，卜辞成语，义为果然有灾祸发生。

3. 微戈化，人名，边关将领。

4. 示、蚁，均为地名。

5. 子娥，与子画等一样为子姓宗族族长。

6. 昔，字作"🐌"等形，义为往日、从前。

7. 又，字作"屮"，在此作连词，连接整数和零数。

8. 俘，字作"𦥷"等形，本义为战争俘获，用作名词义为俘虏。

卜辞大意

这两条卜辞都是关于边关守将报告敌方犯边造成损失的记录。大意是商王亲自占卜，结果兆象不好，预示会有灾祸发生，果不其然，北方边地将领报告，方方侵扰示地和蚁地，并俘虏走边民达三十一人之多。

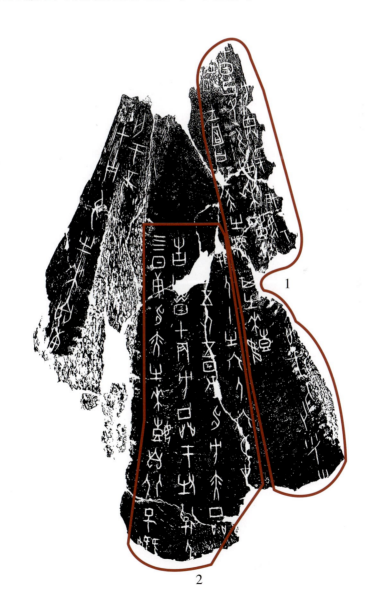

1

2

『有闻』卜辞

□□卜，争贞：有闻曰舌……

44

甲骨卜辞菁华 · 战争篇

第一期

图片选自《甲骨文合集》6076

辞语解析

1. 有，本辞字作"⼟"形，义为有。
2. 闻，字作"⿰"等形，象跽坐之人倾听之状，突出耳朵，本义为听，引申为听说、听闻、消息。

卜辞大意

    这是一条反映商代军情传报的卜辞，大意是有消息报告说舌方出动进犯边境。

『王萑』卜辞

壬子卜，宾贞：舌方出，王萑？五月

第一期

拓片选自《甲骨文合集》6096正

辞语解析

1. 萑，字作"𤕟"等形，象一只猫头鹰类的鸟，隶定作"萑"，用其眼睛大而有神义，引申为观察，侦察。

卜辞大意

　　这是记录商王观察敌情的卜辞，主要是卜问舌方出动侵犯，商王是否亲自到前线观察军情之事的。

『乎视方』卜辞

辛巳卜，㠱贞：乎视方？六月

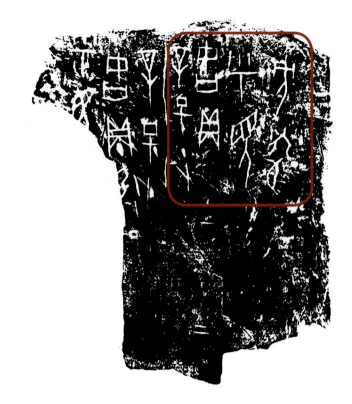

第一期

拓片选自《甲骨文合集》6740 正

46

甲骨卜辞菁华·战争篇

辞语解析

1. 㠱，第一期贞人名，也有学者释作"古"。

2. 视，字作"𦘒"等形，象人站立而视之形，会意为"视"。过去一般与"𥄉"（见）同释为"见"字，现在学者们认为两个字应该分开。跽坐而看的"𥄉"释为"见"，义为看见；站立而看的"𦘒"释为"视"。"视"表看的动作，而"见"则表看的结果。"视"的本义为看，引申为观察、查看、监视。

卜辞大意

　　这是一条反映商王朝与方国关系的卜辞，大意是卜问商王是否应该下令去监视方方国的动静。

『乎望吾方』卜辞

壬□〔卜〕，□贞：乎望土方？

47

二 战争行为

第一期

拓片选自《甲骨文合集》6187

辞语解析

1. 望，字作"🧍""🧍"等形，象人站立于土堆上张目远眺状，义为眺望、远观、
侦伺等。

卜辞大意

　　这是一条有关殷人侦察敌情的卜辞，大意是商王命令相关人员从远处观察土
方动静。

『乎目吾方』卜辞

贞：乎目吾方？

甲骨卜辞菁华·战争篇

第一期

拓片选自《甲骨文合集》6195

辞语解析

1. 目，字作"▱"等形，为人的眼睛的形象，本义为眼睛，引申为侦察、观看。

卜辞大意

 这也是一条反映殷人侦察敌情的卜辞，即商王下令臣下去侦察了解有关吾方侵扰的情况。本辞的"目"与上两辞中的"观""望"意义相同，都是战争过程中殷人侦察军情的记录。

『告旁捍』卜辞

癸未卜，贞：旬亡祸？三日乙酉有来自东，画乎虫告旁捍。

第一期
拓片选自《甲骨文合集》6665正

辞语解析

1. 自，字作"𦥘"等形，为人鼻子的象形，人通常指着自己的鼻子称自己，故引申为自己义。甲骨文中，"自"多用作介词，义为从、由。

2. 东，字作"𣏕"等形，方位词，指东方。

3. 画，字作"𤔔"形，隶定作"妻"，人名，指甲骨文中的"子画"，同"子商"一样，为子姓族长或商王诸子之一。

4. 虫，人名，不识。

5. 旁，字作"𤰞"等形，方国名，学者认为其地在山东单县北。

6. 捍，字作"𢧵"等形，也有学者释为"戎"。甲骨文中或作人名、族名、地名，又作动词，义为捍卫、抵御。

卜辞大意

　　这是反映商王朝与东部方国发生冲突的卜辞，大意为贞问一旬之内有无灾祸，结果是第三日从东方传来不利消息，子画命虫报告了旁方袭扰的情况。

第四期

拓片选自《甲骨文合集》33049

辞语解析

1. 大出，即大规模或大肆出动。

2. 立中，字作"𡗜中"等形，即树立大旗。"中"在甲骨文中作"𠀃""中""𠧟""𠃞"等形，原义为旗帜，后引申为中央、中间。古代每遇有军国大事，先建大旗于旷地以聚众，民众望而趋附。由于民众来自四面八方，则立旗之地就成为中央，遂引申为中央之义，更引申为一切之"中"。有些学者将本辞中的"𡗜中"释为"立史"，误。

3. 北土，甲骨文四土之一。甲骨文中，殷人将自己王畿视为天下之中，环绕在王畿之外的广大区域，按照方位分为东、西、南、北四土或四方。

卜辞大意

这是一条反映敌方犯边的卜辞，大意是方方国大规模出动侵扰北方边境，商王朝闻讯后马上树立大旗召集族众准备御敌。

『登人』卜辞

贞：登人三千乎伐舌方，受有佑？

第一期

拓片选自《甲骨文合集》6168

辞语解析

1. 登，字作"⚺"等形，象两手捧器呈上形。杨树达认为其通"徵"，意为征召。古代将要征伐，必先聚众，"登人"即战前征聚兵员。此为商代武丁时期兵役制度，武丁之后不见。

2. 三千，字作"𐤀"形，二字乃合文形式。甲骨文的合文，也称"合书"，是指两个或三个字合到一起，占用一个字的地方，为卜辞常见，也是甲骨文字的一个显著特点。合文主要表现在甲骨文里的数字和商先公先王的名字上。合文的形式有上下相合的，有左右相合的，有内外相合的等等，如"𐏒"，五十，上下合文；"𐏓"，三百，上下合文；"𐏔"，小乙，上下合文；"𐏕"，祖乙，左右合文；"𐏖"，报丁，内外合文；"𐏗"，十三月，三字合文等。

卜辞大意

　　这是一条商王朝征兵进行征战的卜辞，大意是说商王下令征集三千军士去讨伐舌方这个宿敌，会受到神祖的保佑吗？

『以卅马』卜辞

□□〔卜〕，□贞：□以卅马，允其执羌？

第一期

拓片选自《甲骨文合集》500正

辞语解析

1. 卅马，卅字作"山"形，从整条卜辞意思看，"卅马"应是指三十人的骑兵队伍，而非单纯的指三十匹马。

2. 允，此处作语助词，与"惟"同。

卜辞大意

　　这是反映战争中军事物资供应情况的卜辞，大意是某官员或某地提供了三十人的马队，是否能让他们去拘捕羌人。

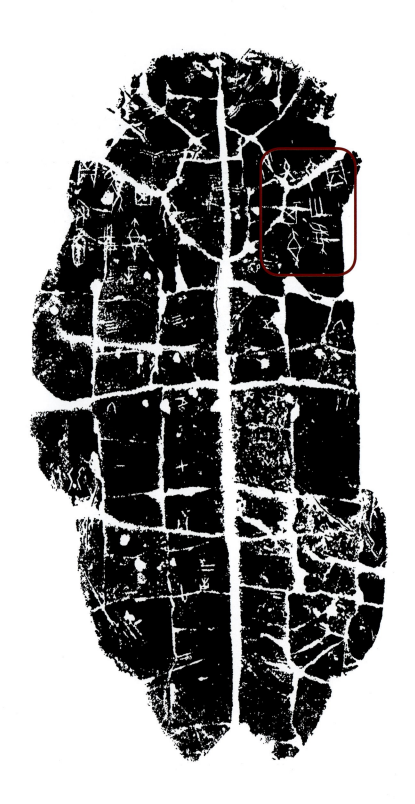

甲骨卜辞菁华·战争篇

『在祖乙宗卜』卜辞

丁卯贞：王比沚[或]伐召方，受[佑]？
在祖乙宗卜。五月

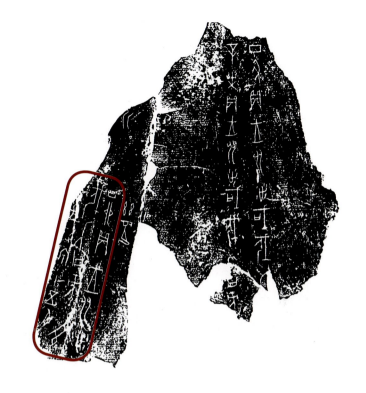

第四期

拓片选自《小屯南地甲骨》81

辞语解析

1. 宗，字作"宀"等形，从宀从示，象屋中置有神主牌位，义为宗庙，引申为祖先。"祖乙宗"即商先王祖乙的宗庙。

2. 沚或，军队将领，"沚"为族名或方国名，"或"是私名。

卜辞大意

这是反映殷人战前庙算谋伐的卜辞，大意是五月份在祖乙的宗庙占卜，贞问商王随从大将沚或前去讨伐召方，能否得到祖先庇佑。

古代每于战前，必在祖庙中进行占卜。《史记·龟策列传》："王者发军行将，必钻龟庙堂之上，以决吉凶。"《礼记·曾子问》："天子诸侯将出，必以币帛皮圭告于祖祢。"而从卜辞记载看，这一礼仪早在殷商时期就已存在并实施，殷人战前不但要在庙堂进行周密的谋划，还要在庙堂用甲骨进行占卜，选择吉日，预测吉凶，并祈求先祖保佑。

『沚戜再册』卜辞

1 壬子卜，㱿贞：吾方出，不惟我有作祸？五月

2 乙卯卜，争贞：沚戜再册，王从伐土方，受有佑？

第一期

拓片选自《甲骨文合集》6087正

辞语解析

1. 作祸，字作""等形，即造成灾祸。

2. 沚戜，字作""等形，商王朝大将。学者们认为其为沚国之首领在殷商王朝为将者。武丁期甲骨文中，多见沚戜作为统帅或大将领兵征伐其他方国的占卜，可见其备受商王信任。

3. 再册，字作""等形，""即举；""即册，象用绳子编成的简册。义为用手举起王命之简册以示接受王命。

甲骨卜辞菁华·战争篇

4. 伐，字作"柊""柙""仆"等形。《说文》："伐，击也。从人持戈。"卜辞中的 "伐"字，或作祭名或杀牲之法，如"己酉卜，侑，伐三十？"（《甲骨文合集》32196）；或作军事上征伐、讨伐，本辞中的"伐"即是此义。

卜辞大意

这是两条卜问敌方出动，商王部署征伐的卜辞。第一条是问舌方进犯，能否给商王朝带来灾祸或损失。第二条是说大将沚歔恭敬地接受王命并随王出征土方，能够受到神祖的暗中保佑么。

『王其征』卜辞

王其征，告于祖乙，匄佑。

□□□〔卜〕，殼贞：舌方衞，率伐不？

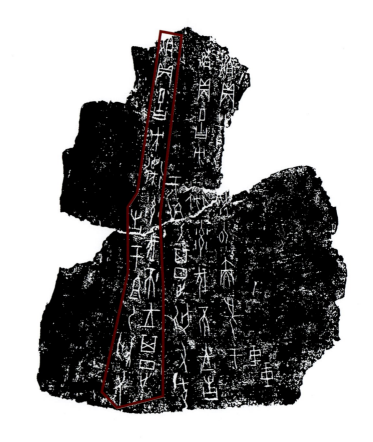

第一期

拓片选自《甲骨文合集》6347

- -

辞语解析

1. 衞，字作"㗊"等形，或释为"衞"（卫），义为违、反叛、防御等。或释"还"，义为受攻击后退回。

2. 率，字作"㣈"形，其义一为率领、带领；一为副词，有学者认为其有"悉皆之义"，也有学者认为其有"先导"之意。"率伐"也是甲骨文中战争动词之一种，义为全力征伐。

3. 匄，字作"㫄"形，卜辞多见，义为乞求。

卜辞大意

　　这是一条反映商王讨伐舌方并告祭于祖先的卜辞。大意是舌方反叛，是否全力征讨，最终决定由商王亲征，并行告祭军礼向先王祖乙乞求福佑。

「王曰屯」卜辞

贞：王曰屯，吾方其出，不曹？

第一期

拓片选自《甲骨文合集》6080

辞语解析

1. 曰，字作"曰"等形，作人口上加一短横，表示话从口出，义为说。

2. 屯，字作"屯"等形，隶定作"屯"。研究者或释其字为"关"，或释为"春"等等不一。甲骨文中，"屯"一作名词，为地名、人名或族名，如"使人于屯？"（《佚》41）；另作动词使用的则较多，且经常与"伐"字连言。姚孝遂、肖丁认为它"乃指某种具体的军事行动而言……屯伐疑为追击之义"。

3. 曹，字作"曹"等形，从口从册，本义是以简册将祭祀之事上告鬼神。甲骨文中，其或为祭名，或作动词，义为砍杀、杀伐。

卜辞大意

　　这是关于击伐西北之敌吾方的卜辞。大意是吾方出动进犯边境，商王是否命令军队还击，并予以杀伐。

『乎戋』卜辞

甲午卜，亘贞：共马乎戋……

甲骨卜辞菁华·战争篇

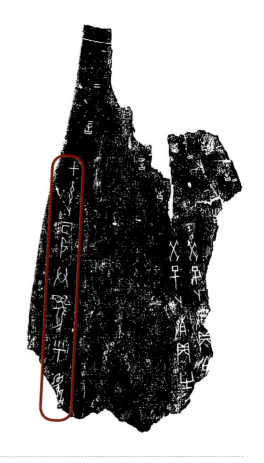

第一期

拓片选自《甲骨文合集》7350正

辞语解析

1. 亘，字作"⼰"等形，第一期贞人名。此外，"亘"在甲骨文中还作方国名、地名等。

2. 共，字作"从"等形，象两手供奉之形，即《说文》所说的"竦手"。甲骨文中其字义与"登"相近，为供给、聚集、征集。

3. 戋，字作"戈"形，象一人倒持戈之形，隶定作"戋"。至于其义，学者们说解不一，或言为"伐"，或言为"割"，或言为"撲"等等。甲骨文中，其一是用作动词，义为击伐、伐灭；一是用作名词，为商人先公名。本辞用作动词。

卜辞大意

这是一条殷人征聚马兵并命其征伐的卜辞。"戋"字从兵器"戈"，可说明其与征伐有关。

『王逆伐』卜辞

辛丑卜，㲼贞：舌方其来，王勿逆伐？

二 战争行为

第一期

拓片选自《甲骨文合集》6199

辞语解析

1. 其，字作"⊠"等形，形如竹箕。甲骨文各期中"其"字多见，常作代词或副词，本辞中用作副词。

2. 来，字作"米""朿"等形，象小麦之形，甲骨文中假借为"往来"之"来"。

3. 勿，字作"犭"等形，为"刎"字初文，本义为分割、切割，甲骨文借用为"物"与"勿"。"物"义为"杂色"；"勿"义为否定，即"不"。本辞字义用为"不"。

4. 逆，字作"屰""㳑""㳑"等形，义为迎接，迎击。《尔雅·释言》："逆，迎也。"

卜辞大意

　　这是一条战争卜辞。大意是卜问：舌方前来侵犯，商王不给予其迎头痛击么？

『在齐师』卜辞

癸巳卜，贞：王旬亡祸？在二月。在齐师，惟王来征人方。

第五期

拓片选自《甲骨文合集》36493

辞语解析

1. 齐，字作"✦""✦"等形，本义为禾穗齐平。本辞中作地名，其地有学者认为在河南长垣县西南一带。

2. ⬙，与"⬙"同义，指军队驻扎，释为"次"。《左传·庄公三年》："凡师，一宿为舍，再宿为信，过信为次。"

卜辞大意

　　这是一条记录商王征伐人方的卜辞。大意是商王朝军队驻扎于齐地，商王亲自出马从此地出发讨伐劲敌人方。

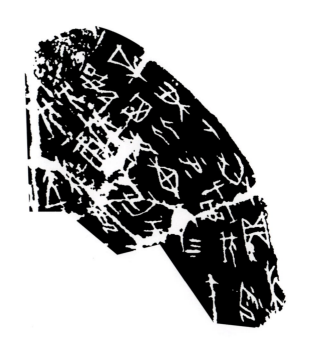

『陷于妇好立』卜辞

辛未卜，争贞：妇好其从沚聝伐巴方，王自东宷伐，捍陷于妇好立？

第一期

拓片选自《甲骨文合集》6480

辞语解析

1. 东宷，地名，或指东面的"宷"地。

2. 陷，字作"🦌"等形，象鹿陷于土坑中形。

3. 从，根据本辞辞意，其义为率领、指挥。

4. 立，通"位"，指位置，战位。

卜辞大意

　　这是反映商人战争中使用战术阵法的卜辞。大意是商王命令妇好带领大将沚聝征伐巴方，商王率领一支军队从东面进攻，经过战斗驱赶，使敌人陷入妇好埋伏好的阵位之中。

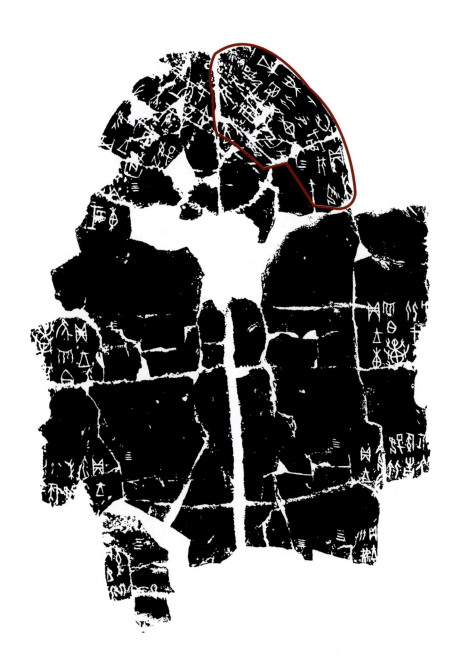

『东迶〔于〕高』卜辞

辛乙巳，王贞：启，乎祝曰：孟方共〔人〕，其出伐，屯师高。其令东迶〔于〕高，弗每，不蠚戋？王占曰：吉。

第五期

拓片选自《甲骨文合集》36518

辞语解析

1. 启，字作"𣂏""𣂏"等形，象以手开启门窗状，义为开、启动。

2. 祝，字作"𧗀""𧗀""𧗀"等形，象跽跪之人张口祈祷状，加"示"旁说明是跪于神主前祷告。

3. 屯，字作"🐾""🐾"等形，甲骨文中，其义一作"对"，指一对；一作集合、汇聚。

4. 高，字作"🏠"形，象高台上的建筑之形，本辞中作地名。

5. 迨，字作"🐾"形，通"会"，义为汇合、包围。

6. 每，字作"🐾"形，原指草木茂盛，借用为晦、悔，义为昏暗、灾祸。"弗每"即不昏暗、没有灾祸、很吉利的意思。

7. 不啚，字作"🐾🐾"形，义为不犹豫、确定。

卜辞大意

　　这是一条反映商王朝与盂方之间征战的卜辞。大意是盂方征聚兵士进攻商朝领土，并屯兵于名高的地方，商王命令军队从东部合围此地，并要毫不犹豫地予以消灭。

『师获羌』卜辞

丁巳卜，㱿贞：师获羌？十二月

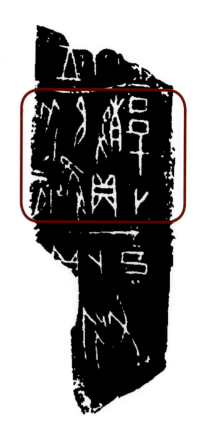

二 战争行为

第一期

拓片选自《甲骨文合集》178

辞语解析

1. 师，字作"🐚"等形，隶定为"𠂤"，殷商时期军事组织的称谓。商承祚指出："🐚与𨸏为一字，即故师字也。"孙海波认为："𠂤之本意为小阜，古者都邑必宾附丘陵，都邑为王者之居，军旅所受，故𠂤有师意。""师"是商王朝最为重要的武装力量，卜辞中又称"王师""我师"，其编制分为左、中、右三师。

卜辞大意

这是反映商王朝军队是否俘获羌人的卜辞。从甲骨文记载可知，羌族是商代后期主要敌方之一，双方的攻战时间长达200多年，直至商朝灭亡。殷人在战争中，对羌人多有俘获，而多数羌俘包括其首领，均被作为牺牲贡献给了殷人先祖，下场十分悲惨。

「教戍」卜辞

1 其教戍？

2 亚立，其于山利？

3 其于左利？

第三期

拓片选自《甲骨文合集》28008

辞语解析

1. 教，字作"教"等形，象手拿算筹状，义为教育、教导、教谕。

2. 戍，字作"戍"等形。《说文》："戍，守边也，从人持戈。"郭沫若指出："戍示人以戈守戍，人立在戈下。"解释十分贴切。"戍"在甲骨文中，或作动词，为戍守边境之义，作名词时则指的是军事组织，姚孝遂就认为"指戍边军旅而言"。

3. 亚，字作"亚"等形，职官名，卜辞中有"亚皋"（《粹》1178），郭沫若认为："亚殆皋之官职。殷有官职曰亚，周人沿袭其制。""亚"与军旅职官有关。《尚书·牧誓》："亚旅师氏。""亚"与军事职官师、旅放在一起，可知其为军事官职。

4. 立，字作"立"等形，象人站立于大地上，义为站立。此外，甲骨文中"立"还有"莅""位"两义。

5. 右，字作"右"形，象人右手形。

6. 利，字作"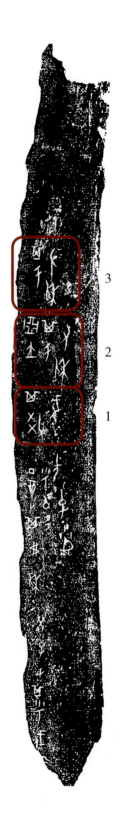"等形，从禾从刀，以刀割禾状，义
   为吉利、顺利。

7. 左，字作""，象人左手形，甲骨文中，"左"一
   作方位词，指左边，同右相对；一作佐助、支持；
   一作相违、祸害。

卜辞大意

   这是反映商代军事训练的卜辞。大意是名"亚"
的军官在教授戍卒时，卜问战阵设在右边有利，还是
设在左边更有利。

二 战争行为

『王学众』卜辞

丁巳卜，彀贞：王学众伐于羍方，受有佑？

第一期
拓片选自《甲骨文合集》32正

辞语解析

1. 学，字作"介"等形，本义为学习，引申为教谕、教导，同《尚书·盘庚》中的"盘庚学于众"。

2. 众，字作"卯"等，甲骨文中，"众"有作日下三人形的，也有作日下二人形的。有关"众"和"众人"的身份，学术界颇有争议，但从甲骨卜辞记载情况分析看，其为族众的可能性更大一点。他们平时从事农业生产、狩猎、手工劳动，战时拿着武器受命出征。

卜辞大意

这是一条有关商王教谕和训练族众讨伐敌方的卜辞。意思是商王指导训练族众去征讨羍方，能够受到神祖的护佑么？

『令阜庠』卜辞

贞：令阜庠三百射？

第一期

拓片选自《甲骨文合集》5771甲

辞语解析

1. 庠，字作"𝕎"等形，指学校。商周时期的学校称为"庠""序"。《说文》："夏曰校，殷曰庠，周曰序。"《孟子·滕文公上》："庠者养也，校者教也，序者射也。"作动词时，"庠"义为教导、教练、训练。

2. 三百射，卜辞常见数字，指三百名射手。弓射是一项技术技能，必须经过训练才能满足战时或狩猎需要，所以卜辞里多见致送"新射"，即新近训练出来的射手到前线的记录。也有学者认为指新地之射手。本辞中"三百"为上下合文形式。

卜辞大意

这是反映商代训练射手的卜辞记载。大意是商王命令大将阜作教官抓紧训练三百名射手以供征伐需要。

三　军事将领与兵员

『师般乎伐』卜辞

1 贞：惟子画乎伐？

2 贞：惟师般乎伐？

3 贞：惟弓乎伐弓？

4 贞：惟王往伐弓？

第一期

拓片选自《甲骨文合集》6209

辞语解析

1. 师般，字作"〻骰"等形，商王武丁时期王师的武将、师长，"自"即"师"，为商代军事组织，也是职官；"般"为私名。有学者认为，"师般"即文献中的商代名臣"甘盘"。

2. 弓，字作"〻""〻"等形，人名，卜辞中也称"子弓"，与辞中的"子画"一样，同为与商王室血缘关系很近的宗族族长。

卜辞大意

这是有关征伐舌方的战争卜辞，大意为商王贞卜派子画、师般、弓三位大臣中哪位前去讨伐舌方，或者是商王自己亲自挂帅出征。

本片甲骨中就由谁领军去征伐敌方，殷人进行了反复的占卜，说明商王对此十分重视，反映了当时战前"庙算"谋伐的情况，也表明"慎战"思想在殷商时期已经萌芽。

甲骨卜辞菁华·战争篇

4

3

2

1

『𡅦伐东土』卜辞

贞：令𡅦伐东土，告于祖乙于祐？八月

第一期

拓片选自《甲骨文合集》7084

辞语解析

1. 令，字作"𠂤"，又释作"命"，义为命令、下令。

2. 𡅦，字作"𡥀"等形，卜辞多见，为甲骨文中一个重要人物，卜辞中有其致送 "众""百牛"、战俘、主持祭祀和追击敌人的记载，也有称其为"子𡅦"并封 "爵"的卜辞（见《合集》3226正），可见他是王室宗亲，拥有自己的封爵、 封国和军队，其还在王朝担任"亚"类官职，地位显赫。

3. 东土，指王畿范围之外的东方之地。

4. 祖乙，字作"𠂤乙"，商人直系先王。《晏子春秋·谏》："汤、太甲、武丁、祖 乙，天下之盛君也。"由于其有功于商，甲骨文中又称其为"中宗祖乙""高 祖乙"。

5. 祐，字作"□"形，有学者释为"丁"，不确。王国维认为"□"为"取主及郊宗石室之义"，也即上古时期盛庙主的石函"祐"。《左传·哀公十六年》杜注云："祐，庙主石函。"

卜辞大意

这是记录商代军事礼仪的卜辞，大意是商王命令大臣鼻前去讨伐东方来犯之敌，鼻按照礼仪要求向石函内的先王祖乙进行告祭，祈求其给予保佑。

『雀伐亘』卜辞

癸卯卜，殼贞：乎雀衍伐亘，戢？十二月

第一期

拓片选自《甲骨文合集》6948正

辞语解析

1. 雀，字作"𤿌"等形，为雀族首领，甲骨文中重要人物，武丁时期的诸侯重臣之一，官职为"亚"。卜辞常见其统兵征伐、主持祭祀、贡献龟甲，并有商王为其求佑的记载，可知其深受商王重视。

2. 衍，字作"𣲖"等形，为甲骨文稀见字。卜辞中"衍"均与"伐"相连，学者们根据字形和其在卜辞中的意义，认为"衍"义为征伐。

3. 亘，此为方国名，即卜辞中常见的"亘方"。据学者们研究，其地在山西垣曲县东南。

卜辞大意

　　本条辞例是有关"雀"征伐方国的，大意是卜问商王命令大将雀讨伐亘方，是否能够给予其沉重打击。

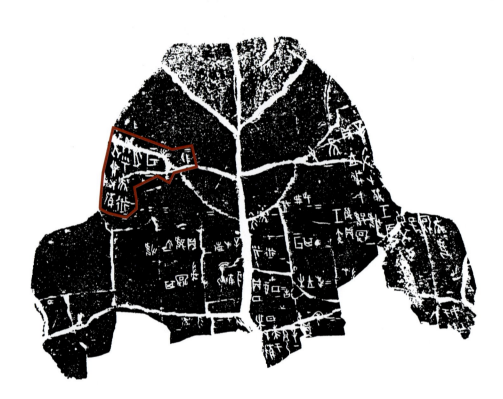

『雀往征豕』卜辞

己酉卜，贞：雀往征豕，弗其㪔？十月

第一期

拓片选自《甲骨文合集》6979

辞语解析

1. 豕，字作"𧱵""𧱵""𧱵"等形，为野猪形象，甲骨文中多有其被殷人狩猎射杀的记录。此外，"豕"又作族名和人名，如记事刻辞"豕入三"（《甲骨文合集》9275反）、"癸丑，子卜，豕归？"（《英藏》1891）。

2. 㪔，字作"㪔"等形，为"禽"字初文。其在甲骨文中一作名词使用，为人名、地名；一作动词，义为擒获。本辞作动词用。

3. 㪔，字不识，或为人名。

卜辞大意

这是反映商军大将征伐的战争卜辞，贞问由雀统兵前往征讨叛乱的豕族，能否擒获㪔这个人。

从辞意推知，㪔可能是豕部族叛商的骨干成员，故要专门卜问此次征战会不会抓住他。

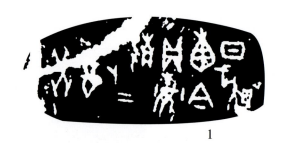

1

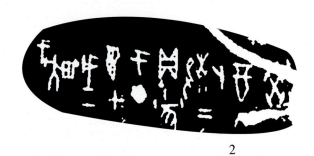

2

『雀▨』卜辞

癸酉卜，殻贞：雀惟今日▨？
癸酉卜，殻贞：雀于翌甲戌▨？

甲骨卜辞菁华·战争篇

第一期

拓片选自《甲骨文合集》7768

··

辞语解析

1. ▨，字不识，象一个一手持戈、一手持盾牌的武士。本辞中其用作动词，应与征伐有关。

2. 翌，字作"▨""▨"等形，甲骨文多见，义为明天、将来、未来。

卜辞大意

这是与商王朝大将"雀"有关的战争卜辞，两条辞均是在癸酉日占卜，所卜问的事情为："雀"今天出征好呢还是第二天甲戌日出征好呢？

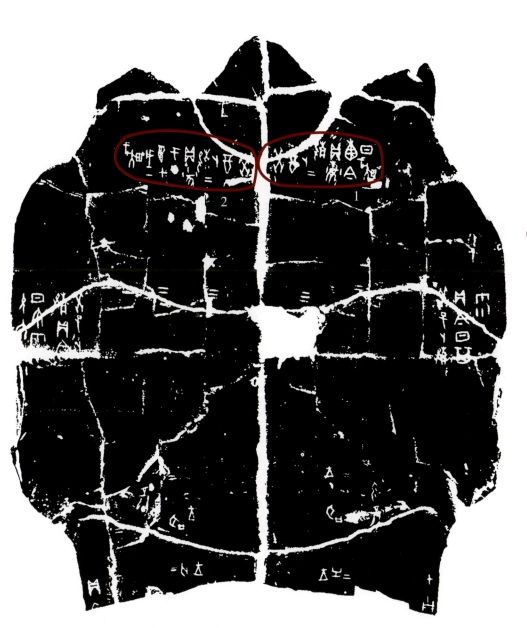

『𠂤正化𢦏𡕩』卜辞

1 辛酉卜，宾贞：𠂤正化𢦏𡕩？

2 贞：𠂤正化弗其𢦏𡕩？

2 1

第一期

拓片选自《甲骨文合集》6654 正

辞语解析

1. 宾，字作“”等形，第一期著名贞人，卜辞多见。以其为代表的卜辞被称为“宾组卜辞”，是商王武丁时期的代表性卜辞。
2. 𠂤正化，字作“”等形，武丁时期一个方国首领。甲骨文中，有其参加军事行动的记录。
3. 𡕩，人名或部族名。

卜辞大意

这是一条与战争相关的正反对贞卜辞，主要意思是从正、反两方面卜问𠂤正化能否对𡕩进行歼灭性的打击。

『𡶇途凷』卜辞

□□卜，宾贞：令𡶇途凷？

第一期

拓片选自《甲骨文合集》6049

辞语解析

1. 𡶇，此作将领名。

2. 途，字作"𡴃"等形，或释"徐"，或释"除"等。其义，一作名词，为道途之途；一作动词，于省吾认为其借用为"屠"，义为屠戮、伐灭。另外，途也有"阻止"之义。

3. 凷，本辞中作人名或族名。

卜辞大意

　　这是一条有关军事活动的战争卜辞，贞问商王是否下令让𡶇率军前去伐灭凷。

『妇[妌]伐龙』卜辞

甲辰卜，惟妇[妌]伐龙戋□？

甲骨卜辞菁华·战争篇

第一期

拓片选自《甲骨文合集》6584

辞语解析

1. 妇妌，字作"$\text{} $"等形，商王武丁配偶之一，与妇好一样，有自己的封地，也领军出征。

2. 龙，字作"$\text{} $""$\text{} $"等形，甲骨文中其或作人名、地名、水名、神名，或作方国名，和商王国关系时友时敌。其地，有学者认为在今山东泰安一带，也有学者认为是西汉时的龙城所在地。

卜辞大意

这是一条战争卜辞，贞问商王武丁是不是令自己的配偶妇妌领兵征伐龙方之事。

『戉伐方』卜辞

戊子卜，宾贞：戉其专伐〔方〕？

第一期

拓片选自《甲骨文合集》7603正

辞语解析

1. 戉，字作"㦰"等形，象戈类兵器，在此为人名或方国首领名。

2. 专，字作"㪯"等形，象手拿纺丝用的收丝器，义为专一、集中，引申为专业、专门、独行。"专伐"，即孤军征伐，而非与其他将领或武装联合出征。

卜辞大意

　　这是一条有关征伐的卜辞，意思是让戉率军单独去征讨方方吗？辞中的"专伐"也是战争卜辞中的动词之一，但十分罕见。

『射伐羌』卜辞

贞：射伐羌？

贞：敦？

甲骨卜辞菁华·战争篇

第一期

拓片选自《甲骨文合集》6618正

辞语解析

1. 射，字作"⚇"等，为引弓搭箭形，非常形象。本义指弓箭，引申为射手，为商代兵种之一，负责弓射。本辞之"射"或为射兵的统领。

卜辞大意

　　这是卜问是否派弓箭手部队前去讨伐羌方的卜辞。就甲骨文记载来看，商代军种已经有步军、车军、射军、舟军、马军等。

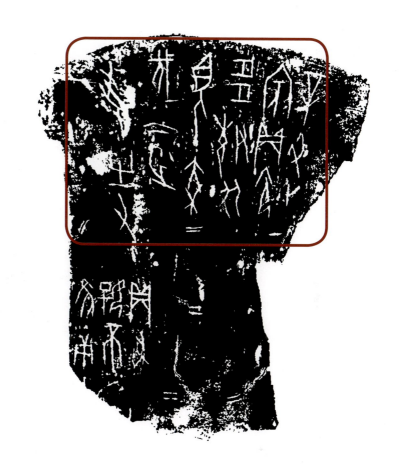

『多紑伐下危』卜辞

辛丑卜，宾贞：令多紑从望乘伐下危，受有佑？

第一期

拓片选自《甲骨文合集》6524正

辞语解析

1. 多紑，字作"多紑"，商代职官名。有学者认为其同于卜辞中常见的"多尹"一职。也有研究者根据甲骨文相关记载，认为"紑"是人名，但多的紑，显非人名。

卜辞大意

这是一条占卜让多紑跟随大将望乘征伐下危方国、能否受到神祖保佑的卜辞。

2

1

『多臣伐吾方』卜辞

1 贞：勿惟王往伐吾方？

2 乎多臣伐吾方？

第一期

拓片选自《甲骨文合集》614

辞语解析

1. 往，形作"✗"等，动词，去、前往的意思。

2. 多臣，商代职官。"多"，字作"多"等形，为两块胙肉上下相叠。甲骨文中，其义一是多少之多，二是众多，三是人名和诸侯。臣，字作"🔯"等形，象人竖目形。郭沫若认为人首俯则目竖，有一定的道理。"臣"即臣僚之意，指官职。甲骨文中记载有多种臣名，如"小臣""小众人臣""小藉臣""小刈臣""马小臣""多臣"以及人名加臣等，均为王朝的内服事务类官员。

卜辞大意

这是两条有关征伐舌方的卜辞，一条是卜问商王是否亲自前往前线征讨舌方，一是卜问是否命令多臣也去征伐舌方。

甲骨文战争卜辞中，"往伐"一词多见，且主语多为商王本人，表明这次征战十分重要，战况紧急。同时也说明了商王不仅是王朝最高的行政统治者，而且也是武装力量的最高统帅。

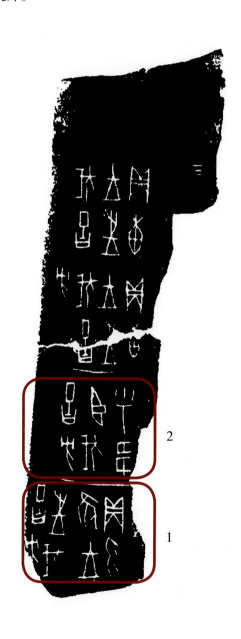

『多马羌御方』卜辞

□□卜，宾贞：令多马羌御方？二告

92

甲骨卜辞菁华·战争篇

第一期

拓片选自《甲骨文合集》6761

辞语解析

1. 多马羌，字作"多羿个"，商代军队兵种组织之一，兵员以马队为主，可能由羌人组成或与伐羌有关。

2. 二告，字作"二凸"，占卜专业术语，指刻于甲骨卜兆旁边或兆序上下的兆辞，多见于早期甲骨卜辞。

卜辞大意

这是一条反映商王下令让多马羌这支部队去抵御方方国侵扰的卜辞。

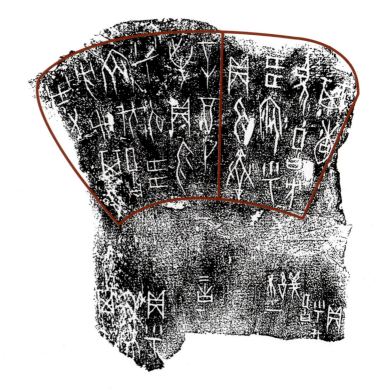

『多仆伐舌方』卜辞

1 辛酉卜，争贞：勿乎以多仆伐舌方，弗其受有佑？

2 贞：勿执多仆乎望舌方，其橐？

第一期

拓片选自《甲骨文合集》547

辞语解析

1. 仆，字作"㑊""㑊""㑊"等形，学者们对之所释不一，或释"寇"，或释"叟"，或释"隶""仆""宰"，或释罪犯等。此字象人于屋中持物打扫状，应是一种身份不高的人，结合其在甲骨文中或参加征伐、或被用为祭祀人牲的记录，可以判定身份相当于古时的奴仆，两辞中的"执多仆"也反映了他的身份，因此，本辞暂释为"仆"。"多仆"即多个奴仆。

2. 橐，字作"㑊"，原指盛物的口袋；也同"蠹"，义为毁坏、破坏。

卜辞大意

　　这是反映商王朝派兵征讨舌方的两条卜辞。大意是卜问是否执送多仆去征伐或监视舌方，此事能否获得神祖保佑？多仆能否给舌方形成打击？

四　军事礼仪

『燎于王亥』卜辞

贞：燎于王亥，告其从望乘？

第一期

拓片选自《甲骨文合集》7537

辞语解析

1. 燎，字作"米""米""米""米"等形，象架木交积焚烧之形，为一种祭祀方法和名称，文献上称为"柴"。《史记·五帝本纪》："岁二月，东巡守，至于岱宗，柴。"《史记集解》引郑玄云："柴，燎也。"即燃烧木柴以祭神鬼。

2. 王亥，字作"土卜"等形，商人著名的先公。典籍记载其"善服牛"，并长于对外贸易，后被有易氏首领绵臣所杀。其子上甲微借助河伯之力一举灭掉有易部族，商族由此发展兴旺。甲骨文中其被尊称为"高祖王亥"，甚至有的"亥"字上有一鸟形，如"隺""斈""鸟"等，是商人以鸟为图腾的文字反映。

卜辞大意

　　这是一条记录商代军事礼仪的卜辞，意思是殷人举行燎祭仪式，告诉王亥其将随大将望乘出征。

据后世文献记载，古代军队出征时，有迁其祖宗的庙主牌载于齐车随行之礼。《礼记·曾子问》中曾子问孔子曰："古者师行，必以迁庙主行乎？"《左传·隐公十一年》："凡出师，必告于祖，而奉迁庙之主以行。"而这样做的目的是为了"言必有尊"。本辞祟祭王亥，就是为了告诉王亥其庙主将随军队出征。显然，这是殷商时期已经存在军礼的文字证据。

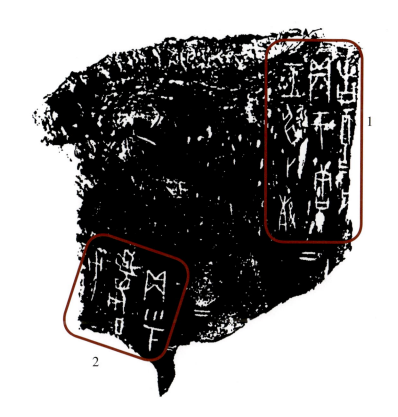

『于唐告舌方』卜辞

1 壬申卜，𣪊贞：于唐告舌方？

2 贞：乎𢦔舌方？

第一期

拓片选自《甲骨文合集》6301

辞语解析

1. 唐，字作"𤇾""𤇾"等形。在甲骨文中，"唐"一作人名，指商王朝开国之君成汤，也即卜辞里的商王大乙；一作族名，指唐族；一作地名，即唐族所居之域。其地，在今山西夏县或翼城县。

2. 乎𢦔，字作"𤇾𤇾"形，战争动词之一，即下令戕伐。

卜辞大意

这是两条战争卜辞：1辞卜问是否向成汤祭告舌方侵扰之事，战前就征伐之事向先祖告祭，以求庇佑乃军礼内容；2辞则贞卜是否下令征伐舌方。两条卜辞内容相连，反映了殷人军事行动的具体程式。

『告于父丁』卜辞

丁卯贞：其告于父丁其狩，一牛？

甲骨卜辞菁华·战争篇

第四期

拓片选自《甲骨文合集》32680

辞语解析

1. 父丁，商先王名，本辞为第四期卜辞，故"父丁"应指商王"武乙"之父"康丁"。
2. 狩，字作"＂等形，左"＂为打猎工具，右"＂为猎犬，会意为狩猎、田猎。

卜辞大意

这是一条商王狩猎的卜辞，大意是商王武乙用一头牛作为牺牲，告祭父亲康丁其即将前去狩猎。

古代田猎不仅仅是一项娱乐和获得食物的活动，而且也是训练军队的军事活动。由于田猎与战阵相类，各种动物如同敌方战士，田猎手段极似战场战法，因此，通过有组织的狩猎，类似军事演习，可以得到治兵、振旅之效果。这种方式后来演变为古代的"大蒐礼"。

『振旅』卜辞

丁丑王卜，贞：其振旅延达于盂，往来亡灾？

王占曰：吉。在……

第五期

拓片选自《甲骨文合集》36426

101

四 军事礼仪

辞语解析

1. 振旅，即整训军队。振，字作""形。振旅是古代军礼之一。《周礼·大司马》云："中春教振旅，司马以旗致民。""中秋教治兵，如振旅之阵。"《左传·公羊传》："出曰治兵，入曰振旅，其礼一也，届习战也。"古籍中的"振旅"，一是以田猎形式进行军事演练，其意义即文献所说的"习战"；另一个是征战凯旋时举行的军事校阅活动。

2. 延，字作""等形，隶定作"征"，本义指走长路，引申为延续、连续不断的意思。

3. 达，字作""形，读"过"，含有前往的意思。

4. 盂，地名，地在殷东南。

5. 往来亡灾，字作"等形，卜辞成语，即往返均无灾祸。

卜辞大意

　　这是一条有关商代战争礼仪的卜辞。大意是辛丑日商王亲自占卜：军队进行训练并连续不断经过盂地，往返没有什么灾祸么？商王看过卜兆后判断为吉利。

『逆旅』卜辞

庚辰王卜，在婞贞：今日其逆旅，以执于东单，亡灾？

第五期

拓片选自《甲骨文合集》36475

辞语解析

1. 婞，字作"𤔣"，隶定为"婞"，地名，不识。

2. 旅，字作"𣃚"等，象旅（旗）下聚众之形，指军旅、军队，也是商王朝军事武装的名称，其编制也分左、中、右。

3. 执，本义为拘捕、抓获，本辞用为名词，指战争中捕获的战俘。

4. 东单，字作"𤰔"等形，"单"字原为狩猎武器。甲骨文中作处所名词，指祭祀之所，通"坛""台"。也有学者认为是王都远郊之地。

卜辞大意

这是记录战后举行"告执"典礼的卜辞。本辞由商王在婞地亲自占卜，贞问当天是否迎接凯旋而归的军队，并将俘获的战俘押到东边的祭坛上以便举行祭祀典礼。

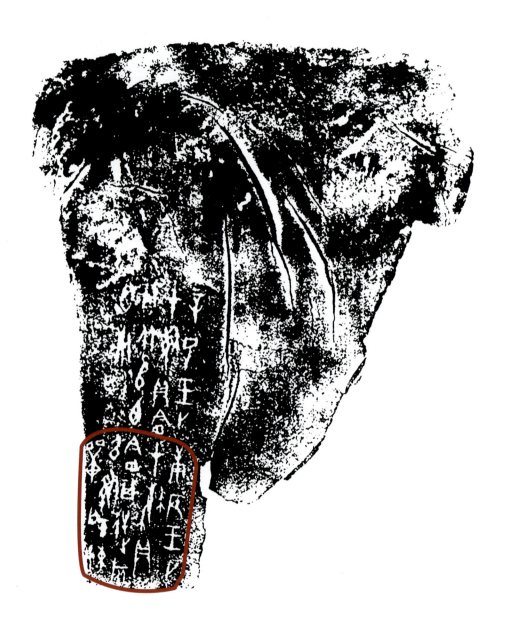

『南门逆羌』卜辞

1 癸亥，示先羌入？

2 王于南门逆羌？

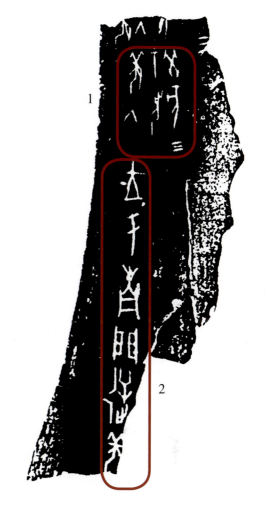

1

2

第四期

拓片选自《甲骨文合集》32036

105

四 军事礼仪

辞语解析

1. 示，字作"示""示"等形，指宗庙中祖先神主灵位牌，代表祖先。

2. 先，字作"先""先"等形，从止从人，象人走在前面，义为次序或时间上的先后之"先"，与"后"相对。

3. 入，字作"入"形，以箭头符号表示进入义。

4. 南门，指商王先祖宗庙的南门。

卜辞大意

这是反映战后礼仪的卜辞。两辞的意思一是卜问随军的商先祖，是否先于俘虏的羌俘进入宗庙之中，一是问商王需不需要到宗庙南门迎接即将作为祭祀牺牲的羌俘。

　　商代不仅战前有一定的礼仪，战后也有规定的仪节，如献捷礼等。大军行动前，为言必有尊，殷人要请他们先祖的牌位随军出征，以便随时祷告和祈求。战后，还有恭请这些代表先祖的牌位先行进入宗庙归位。另外，还要举行"迎牲"礼仪，《礼记·明堂位》："君肉袒迎牲于门。"而2辞中"逆羌"即迎接羌俘正是此礼。

『王于宗门逆羌』卜辞

1 于滴，王逆以羌？

2 王于宗门逆羌？

2

1

107

四 军事礼仪

第四期

拓片选自《甲骨文合集》32035

辞语解析

1. 滴，字作"濟"等形，水名，距殷都不远，学者们认为即殷都北的漳河。

2. 宗门，字作"宀門"等形，即王都内的商王先祖宗庙之门。

卜辞大意

　　这是反映战后献俘礼仪的卜辞。意思是商王是到漳河边迎接俘获的羌俘呢，还是在祖宗宗庙的门口迎接？

甲骨卜辞菁华·战争篇

『奚絆伯囟』卜辞

丁卯卜，□贞：奚絆伯囟用于祐？

第一期

拓片选自《甲骨文合集》1118

辞语解析

1. 奚，字作"𝌀"等形，象手抓编发奴隶形。其为名词时，一作女性奴隶，一作族名和地名。本辞中，"奚"字用作动词，义为手抓或手提。

2. 絆伯，指絆方的首领。絆方之地，据甲骨文反映应在殷西，与卜辞中的舌方相邻。

3. 囟，本辞字形模糊，象人的首级放于器皿中之形，义同凶。《说文》曰："凶，鬼头也。"

卜辞大意

这也是反映商代战后献俘礼内容的卜辞，大意是手提絴方君长的头颅用来祭祀石函中殷人的先祖牌位。

古代军礼中的献俘礼在甲骨文中有很多记载，战后为了军事记功和告慰祖宗，殷人往往会将敌酋头颅砍下献祭于庙中先祖。考古工作者也曾在殷墟范围内，发现一个变形的青铜甗里放有一个人的头颅，这显然就是殷人用人头祭祖的实物遗存。

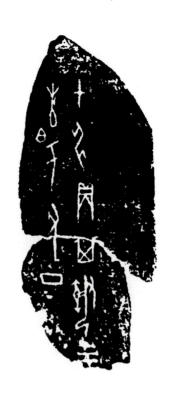

『执三封伯于父丁』卜辞

甲申，贞：其执三封伯于父丁？

第四期

拓片选自《甲骨文合集》32287

辞语解析

1. 封，字作"👣""👣""👣"等形，指植树分疆之义，同"邦"。《尔雅·释名》：
   "邦，封也。"引申为分封、封国、邦国、诸侯等。
2. 父丁，商王武乙之父商王康丁。

卜辞大意

　　这也是一条有关献俘礼仪的卜辞。大意是商王武乙卜问是否用被俘的三个邦国首领的头颅来祭祀自己的先父商王康丁。

『王巡方』卜辞

□午卜，㲋贞：今春王巡方，帝受我〔佑〕？

112

甲骨卜辞菁华·战争篇

第一期

拓片选自《甲骨文合集》6737

- -

辞语解析

1. 巡，字作"屮屮"等形，隶定作"徣"。学者们对它的解释分歧较大，或释之为"眚"，或释为"直"，或释为"循"，或释为"德"。此字比"省"字多一"彳"旁。至于加"彳"的原因，闻一多曾明确指出，卜辞凡言省似皆谓周行而省视之，故字又作徣，从彳，示行而视之之意。因此，"徣"字即后来的"巡"字，义为视察、巡查。

卜辞大意

　　这是卜问商王巡视方国的卜辞，意思是今春商王巡查方国或四方，上帝会授予我们福佑吗？

　　古代帝王巡视各方乃重要古礼之一，即"巡守礼"。殷商时期，在商王畿之外的广大地区，分布着数量众多的方国和诸侯。这些方国和诸侯有的臣服于商，有的则与商为敌。因此，出于自身利益关系和安全考虑，统治者不得不对这些方国和诸侯时刻给予注意，通过经常的巡视活动或亲和友邦，或讨伐不驯，或垂询民生，或观察情势，以达到散播恩威、强化联盟、威服四方的目的。《左传·庄公二十一年》："王巡虢守。"杜预注曰"天子省方谓之巡守"，即此义也。

四　军事礼仪

附：甲骨文著录简称与全称对照

114

甲骨卜辞菁华·战争篇

简称	全称
《丙》	《殷虚文字丙编》
《补编》	《甲骨文合集补编》
《粹》	《殷契粹编》
《村中南》	《殷墟小屯村中村南甲骨》
《东京》	《东京大学东洋文化研究所藏甲骨文字》
《合集》	《甲骨文合集》
《后》	《殷虚书契后编》
《花东》	《殷墟花园庄东地甲骨》
《怀特》	《怀特氏等收藏甲骨文集》
《甲》	《殷虚文字甲编》

《戬》	《戬寿堂所藏殷虚文字》
《菁》	《殷虚书契菁华》
《库》	《库方二氏藏甲骨卜辞》
《明藏》	《明义士收藏甲骨文集》
《前》	《殷虚书契前编》
《苏德》	《苏、德、美、日所见甲骨集》
《天理》	《（日本）天理大学附属天理参考馆藏品·甲骨文字》
《铁》	《铁云藏龟》
《屯南》	《小屯南地甲骨》
《邺初下》	《邺中片羽初集下》
《乙》	《殷虚文字乙编》
《佚》	《殷契佚存》
《英藏》	《英国所藏甲骨集》

附：甲骨文著录简称与全称对照

参考文献

一、著作

陈剑：《甲骨金文考释论集》，线装书局，2007年。

陈梦家：《殷虚卜辞综述》，中华书局，1956年。

陈年福：《实用甲骨文字典》，四川辞书出版社，2019年

（日）岛邦男：《殷墟卜辞研究》，上海古籍出版社，2006年。

段玉裁：《说文解字注》，上海古籍出版社，1981年。

郭沫若：《卜辞通纂》，日本文求堂书店，1933年。

郭沫若：《甲骨文字研究·释臣宰》，日本大东书局，1931年。

郭沫若：《十批判书·古代研究的自我批判》，人民出版社，1954年。

郭沫若：《殷契粹编考释》，日本开明堂株式会社石印本，1937年。

郭沫若主编、胡厚宣总编：《甲骨文合集》，中华书局，1978～1982年。

郭旭东、张源心、张坚主编：《殷墟甲骨学大辞典》，中国社会科学出版社，2021年。

李发：《甲骨军事刻辞整理与研究》，中华书局，2018年。

（韩）李钟淑、葛英会：《北京大学震旦古代文明研究中心学术丛书特刊·北京大学珍藏甲骨文字》，上海古籍出版社，2008年。

李宗焜：《当甲骨遇上考古——导览YH127坑》，台北"中央研究院"历史语言研究所，2006年

罗琨：《商代战争与军制》，载宋镇豪主编《商代史》卷九，中国社会科学出版社，2010年。

甲骨卜辞菁华·战争篇

罗振玉：《殷虚书契考释·中》，载《殷虚书契考释三种》，中华书局，2006年。

孟世凯：《甲骨学词典》，上海人民出版社，2009年。

屈万里：《殷虚文字甲编考释》，台北"中央研究院"历史语言研究所，1961年。

饶宗颐：《殷代贞卜人物通考》，香港大学出版，1959年。

王国维：《戬寿堂所藏殷虚文字考释》，台北艺文印书馆，1980年影印本。

王宇信：《甲骨学通论》，中国社会科学出版社，1989年

王宇信、杨升南主编：《甲骨学一百年》，社会科学文献出版社，1999年

闻一多：《闻一多全集·古典新义下》，湖北人民出版社，1993年。

杨伯峻：《春秋左传注》，中华书局，1981年。

杨树达：《积微居甲文说》，上海古籍出版社，1986年。

姚孝遂、肖丁：《小屯南地甲骨考释》，中华书局，1985年。

于省吾：《甲骨文字释林》，中华书局，1999年。

于省吾主编：《甲骨文字诂林》，中华书局，1996年。

郑杰祥：《商代地理概论》，中州古籍出版社，1994年。

中国国家博物馆编：《中国国家博物馆馆藏文物研究丛书·甲骨卷》，上海古籍出版社，2007年。

二、论文

（日）岛邦男：《禘祀》，载《古文字研究》第一辑，中华书局，1979年。

郭旭东：《从甲骨文字"省"看商代的巡守礼》，《中州学刊》2008年2期。

郭旭东：《甲骨文所见商代献捷献俘礼》，《史学集刊》2009年3期。

郭旭东：《殷墟甲骨文所见的商代军礼》，《中国史研究》2010年第2期。

寒峰：《甲骨文所见的商代军制数则》，载胡厚宣《甲骨探史录》，生活·读书·新知三联书店，1982年。

胡厚宣：《殷代的史为武官说》，《殷都学刊》增刊《全国商史学术讨论会论文集》，1985年。

胡厚宣：《殷代方考》，载《甲骨学商史论丛》初集，河北教育出版社，

2002年。

林沄：《甲骨文中的商代方国联盟》，载《古文字研究》第六辑，中华书局，1981年。

刘钊：《卜辞所见殷代的军事活动》，载《古文字研究》第十六辑，中华书局，1989年。

齐文心：《释读"沚瞂再册"相关卜辞——商代军事制度的重要史料》，载王宇信、宋镇豪、孟宪武主编《2004年安阳殷商文明国际学术研讨会论文集》，社会科学文献出版社，2004年。

裘锡圭：《关于商代的宗族组织与贵族和平民两个阶级的初步研究》，《文史》第17辑，1983年。

裘锡圭：《说"以"》，《古文字论集》，中华书局，1992年。

沈建华：《重读小臣刻辞——论殷代的西北地理及其有关问题》，载中国国家博物馆编《中国国家博物馆馆藏文物研究丛书·甲骨卷》，上海古籍出版社，2007年。

斯维至：《关于殷周土地所有制问题》，《历史研究》1956年第4期。

严一萍：《殷商兵制》，载《中国文字》新七期，台北艺文印书馆，1983年。

杨升南：《卜辞所见诸侯对商王室的臣属关系》，载胡厚宣主编《甲骨文与殷商史》，上海古籍出版社，1983年。

张永山：《商代军礼试探》，载《二十一世纪中国考古学——庆祝佟柱臣先生八十五华诞学术论文集》，文物出版社，2006年。

赵锡元：《试论殷代的主要生产者"众"和"众人"的身份》，《东北人民大学人文科学学报》1956年第4期。

钟柏生：《卜辞中所见的殷代军礼之二——殷代的战争礼》，载《中国文字》新十七期，台北艺文印书馆，1993年。

钟柏生：《卜辞中所见的殷代军礼之一——殷代的大蒐礼》，载《中国文字》新十六期，台北艺文印书馆，1992年。

甲骨卜辞菁华·战争篇